Mein kunterbuntes Osterbuch

Bilder von
Linda Birkinshaw, Gisela Gottschlich,
Gerti Lichtl, Joachim Löffel, Sylvia Ward

Texte von Gisela Fischer, Ursula Muhr

EGMONT PESTALOZZI VERLAG, MÜNCHEN

Lustige Kresseköpfe

Zeichne mit Filzstift ein Gesicht auf eine leere Eierschale. Füll sie dann mit feuchter Watte oder gut feuchtem Küchenkrepp. Streu Kressesamen darauf – und warte, bis die Haare sprießen!

Besuch in der Osterwerkstatt

„Guten Morgen, Timmy! Kommst du uns besuchen?", begrüßt der Oberosterhase den Hasenjungen. Der lacht vergnügt. „Ja, und ich bin neugierig auf die Werkstatt!"

Timmy ist nämlich in diesem Jahr mit der Hasenschule fertig und soll nun bei den Ostervorbereitungen mithelfen. Aber er weiß nicht, was er machen möchte! Es gibt so viele Arbeiten im Hasendorf, er kann sich einfach nicht entscheiden, was für ihn das Beste ist.
Der Oberosterhase hat ihm deshalb vorgeschlagen, sich doch einfach alle Abteilungen in der Osterwerkstatt einmal anzusehen und dort mitzuarbeiten. So kann er bestimmt leicht herausfinden, was ihm Spaß macht.
„Wo soll ich anfangen?", fragt Timmy den Oberosterhasen. Der deutet auf das Ei in seiner Hand. „Ganz einfach – du lädst erst einmal den Karren hier ab. Die Hennen haben heute früh noch mal Eier geliefert, jetzt müssen sie zum Färben vorbereitet werden. Auf geht's!"
Timmy nimmt vorsichtig die Eier von dem Karren und trägt sie nacheinander in die Werkstatt hinein. Er passt sehr auf, dass er keines zerbricht, denn er will sich nicht gleich an seinem ersten Tag blamieren.
Inzwischen erklärt ihm der Oberosterhase: „Die Eier kommen zuerst in die Waschküche. Du siehst ja, sie sind nicht ganz sauber und auf den schmutzigen Stellen hält die Farbe nicht. Deshalb müssen sie sorgfältig abgebürstet werden. Danach werden sie vor dem Ventilator getrocknet und auf Sprünge kontrolliert. Wir wollen ja keine angeknacksten Eier bemalen."

„Aha", sagt Timmy da nur und schleppt Ei um Ei in die Waschküche. Wie laut es dort ist! Das Wasser plätschert und rauscht, der Ventilator braust und ständig laufen Hasen geschäftig hin und her. Timmy findet es in der Waschküche nicht besonders schön.
„Stört es dich nicht, wenn du den ganzen Tag die Hände im Wasser hast?", fragt er den Hasen, der Eier in einer großen Wanne abwäscht. Der lacht. „Aber wieso denn?", fragt er. „Ich plansche für mein Leben gern. Am liebsten würde ich mich zu den Eiern hineinsetzen!"
Timmy nickt und sagt nichts weiter dazu. Er denkt sich nur: „Ich möchte nicht den ganzen Tag Eier baden. Mal sehen, wie es weitergeht. Es gibt ja noch mehr zu tun!"
Da ruft auch schon einer der Hasen: „He, Timmy, kannst du schnell die sauberen Eier hier ins Lager bringen?"
Timmy schnappt sich das Körbchen. „Natürlich, aber ich kenn mich nicht aus. Wo ist denn das Lager?", fragt er.
„Du musst nur quer durch das Farblabor gehen, dahinter siehst du es schon. Dort gibst du sie einfach ab", erklärt ihm der Hase am Ventilator. Timmy nickt und macht sich mit dem Eierkorb auf den Weg.
Als Erstes fällt ihm der wunderbare Duft auf, der aus dem Farblabor kommt. „Mh, das riecht ja tausendmal besser als die Seifenlauge in der Waschküche", denkt Timmy. Er reckt die Nase in die Luft und schnuppert.

Was mag da wohl so herrlich duften? Timmy hat eher das Gefühl, in eine Küche als in ein Labor zu kommen. Neugierig sieht er sich um. Da stehen Säcke, Fässer und Gläser voll mit Beeren! Na, kein Wunder, dass es hier riecht wie in einer Marmeladenfabrik!

Timmy leckt sich die Lippen. Er sieht zu, wie die Hasen tiefrote Vogelbeeren, violette Heidelbeeren und goldgelbe Mirabellen zerquetschen und verrühren. Ein Eimerchen nach dem anderen füllen sie mit leuchtender Eierfarbe. Am liebsten hätte Timmy genascht!

Und als Timmy schnell einmal an der violetten Heidelbeerenfarbe lecken will, klopft ihm der Hase auf die Finger. „Hände weg! Naschen ist nicht erlaubt!", ruft er streng. „Sonst hält nämlich die Farbe nicht und wir müssen den ganzen Eimer voll wegwerfen."

„Aha", sagt Timmy wieder einmal und denkt bei sich: „Das Farblabor ist also auch nichts für mich. Wenn ich nicht einmal ein bisschen schlecken darf ..."

So wandert er weiter in die Schreinerwerkstatt. Auch hier riecht es gut, nach frischem Holz, nach Leim und Lack. Aber genau wie in der Waschküche ist es ziemlich laut. Die Drechselbank heult, der Bohrer brummt, die Säge raspelt. „Das ist ja furchtbar! Da ist man abends bestimmt ganz taub von dem Lärm", denkt Timmy.

Trotzdem will er wissen, was hier passiert. Er stupst den Hasen an der Drechselbank in die Seite. „Ah, Timmy", lacht der. „Ich hab schon gehört, dass du heute kommst. Schau nur gut zu, hier bauen wir Eierhalter."

Dann spannt er ein Stück Holz in die Maschine, dreht es, so schnell er kann, und schneidet mit dem Meißel ringsherum so viel weg, bis daraus ein rundes Bein für einen Eierhalter geworden ist.

„Gesehen?", fragt er Timmy und betrachtet zufrieden sein Werk. „Dort hinten werden die Löcher gebohrt, in die dann die Füße eingeleimt werden", erklärt er noch.

Aber Timmy hat schon genug gesehen und vor allem gehört. Er winkt allen Hasen in der Schreinerei noch fröhlich zu und macht sich auf den Weg zur nächsten Station. Dort ist es jedenfalls viel ruhiger, wie ihm scheint. Was mag da wohl gearbeitet werden?

Als Erstes fällt Timmy ein großes Zeichenbrett auf. Den Hasen, der daran arbeitet, kennt er sogar – es ist Konny, sein Nachbar.
„Hallo, Timmy, komm ruhig herein, ich hab dich schon erwartet", ruft ihm Konny zu. „Herzlich willkommen bei uns! Na, wie findest du die Entwurfsabteilung?"
„Hier macht ihr also die neuen Muster für die Eier", stellt Timmy fest.
„Genau. Ich zeichne die Entwürfe, Karsten dort hinten legt die Farben fest und malt die Zeichnungen bunt aus, und Kira ..."
Weiter kommt Konny nicht, denn genau in dem Moment schreit Kira voller Zorn: „So ein Mist! Alles schwarz! Jetzt kann ich noch mal von vorn anfangen!"
Konny lacht. „Reg dich doch nicht auf, Kira", beruhigt er sie. „Du kriegst das schon noch in den Griff."
„Ihr habt ja einen Computer!", staunt Timmy.
Konny nickt stolz. „Aber noch nicht lange. Drum klappt es nicht immer gleich auf Anhieb, nicht wahr, Kira? Aber so nach und nach kommen wir schon dahinter, wie dieses Ding funktioniert. Unsere Kira lässt sich jedenfalls nicht entmutigen!"
Die tippt schon wieder emsig auf der Tastatur herum. Timmy schaut interessiert zu, wie auf ihrem Bildschirm nach und nach ein buntes Osterei entsteht.

„So, fertig!", ruft Kira. „Jetzt wollen wir doch mal sehen, ob es diesmal geklappt hat!" Sie schaltet den Drucker ein und tatsächlich – ein bunter Eierentwurf kommt aus dem Gerät. „Super!", lobt Konny sie. „Ich wusste doch, dass du es schaffst, Kira!"

Timmy kann sich nur schwer aus der Entwurfsabteilung losreißen. Das ist die erste Arbeit, die er selbst auch gerne lernen würde! Vor allem den Computer findet er sehr spannend. Aber er will ja alles kennen lernen und so geht er weiter in den Malersaal. Da ist ein Trubel!

Kaum hat er seine Nase zur Tür hineingesteckt, da begrüßt ihn der Chef des Malersaales. Und ehe der verblüffte Timmy sichs versieht, hat er auch schon einen Pinsel in der Hand und sitzt vor einem weißen Ei.
„Und was soll ich jetzt tun?", fragt er verdutzt.

Der Chef lacht, dass sein Bauch wackelt. „Du kannst fragen, Timmy! Was macht ein Osterhase kurz vor Ostern mit einem Ei? Er malt es an, was denn sonst!"
Timmy zögert. „Aber ich kann doch gar keine Eier bemalen!", wendet er ein. Der Malerchef mit seiner lauten Stimme macht ihm nämlich ein bisschen Angst.
„Woher willst du denn das wissen?", fragt der. „Du hast es doch sicherlich noch nie so richtig probiert. Und Eiermalen muss man ausprobieren, denn vom Zuschauen hat das noch keiner gelernt!"
Timmy betrachtet das Ei nachdenklich. Eigentlich hat der Chef Recht. Was kann schon passieren? Schlimmstenfalls muss man die Farbe eben wieder abwaschen. Er taucht also den Pinsel ein und zieht eine schwungvolle Linie über das Ei. Das sieht doch ganz gut aus!
Der Chef nickt anerkennend. „Du machst das schon, Timmy. Mal einfach drauflos und lass dich nicht stören. Viel Spaß dabei! Ich komm später noch mal her."
Dann lässt er Timmy allein weiterarbeiten. Der schaut sich verstohlen erst einmal ein bisschen um. Was treiben eigentlich die anderen hier so?
Sie malen Blumen und Sterne, Punkte und Streifen auf die Eier. Einer arbeitet sogar mit der Spritzpistole.
„Also, das kann ja wirklich nicht so schwer sein", denkt sich Timmy. Dann fängt er an zu malen.

Bald hat er alles um sich herum vergessen. Er malt, mischt neue Farben, holt Entwürfe als Vorlage und entwirft dann selbst neue Muster. Ihm ist, als ob er noch nie etwas anderes gemacht hätte. Er merkt gar nicht, wie die Zeit vergeht! Im Nu ist es Abend und die Hasen fangen an aufzuräumen.

Da kommt der Chef wieder. „Na, Timmy, nun lass mal sehen, was du heute geschafft hast", sagt er.

Timmy kriegt vor Aufregung ganz heiße Ohren. Was, wenn der Chef die Eier nun nicht gut findet?

Doch im Gegenteil – der staunt wirklich! „Donnerwetter, das hast du ganz toll gemacht!", ruft er. „Gib zu, du hast daheim schon tagelang geübt!"

Aber Timmy versichert ihm, dass es wirklich seine ersten Eier waren, die er bemalt hat.

„Ich muss schon sagen – du bist ein echtes Naturtalent, Timmy! Ich wäre sehr froh, wenn ich dich in meinem Malersaal hätte. Du hast Phantasie, du kannst wunderbar malen und außerdem bist du auch noch erstaunlich schnell! Das ist für einen Eiermaler wirklich ideal."

Timmy strahlt. „Es hat mir wahnsinnig Spaß gemacht", erklärt er. „Und ich würde sehr gern im Malersaal arbeiten, denn hier ist es eindeutig am schönsten!"

„Na fein!", lacht da der Chef. „Dann weißt du ja, was du morgen zu tun hast: Punkt sieben Uhr fangen wir an!"

So kommt es, dass Timmy bis zum Osterfest jeden Tag in den Malersaal geht und dort arbeitet. Seine Muster werden immer schöner. Am besten aber ist ihm ein rosa Blumenei gelungen, auf das ist er wirklich stolz.
Als es an Ostern dann ans Eierverstecken geht, verrät Timmy seinen Freunden: „Ein paar gute Plätze weiß ich schon. Aber mit meinem tollen Blumenei hab ich was ganz Besonderes vor. Da kommt ihr nie drauf!"
Die Hasen raten wild durcheinander. „Bestimmt legst du es in ein Vogelnest, ganz oben auf dem Kastanienbaum!", vermutet einer. Doch Timmy schüttelt den Kopf. „Du rollst es in den Bach und lässt es bis zum See schwimmen!", schlägt ein anderer vor. Aber Timmy sagt: „Nein, auch das nicht. Aber es ist eine nette Idee!"
Was könnte er noch mit diesem Ei machen? „Ich hab's!", schreit ein Hase. „Du isst es selber auf! Du ganz allein!"
Alle lachen. Timmy lacht am allermeisten. Aber die Lösung ist es nicht. Schließlich muss er den anderen verraten, was er vorhat, denn sie kommen nicht drauf:
„Ich schenke es den Hühnern vom Hühnerhof. Sie bringen uns jedes Jahr Eier in Hülle und Fülle und noch nie haben wir uns bei ihnen so richtig bedankt. Bestimmt freuen sie sich über ein buntes Ei!"
Die Hasen staunen. Timmy hat Recht – sie haben noch nie daran gedacht, sich bei den Hühnern zu bedanken!

Als Timmy am Ostermorgen der Oberhenne Mathilde sein wunderschönes Blumenei überbringt, freut sie sich riesig. „Was für eine entzückende Idee! Danke, Timmy!", gackert Mathilde immer wieder. „Du bist tatsächlich der erste Hase, der auch an Ostern noch an uns denkt!"

Alle Hennen freuen sich sehr über Timmys Ei. Einige sind richtig gerührt. Da hat Mathilde eine Idee: „Wir wollen ihm auch eine Überraschung bereiten!"
„Au ja! Au ja! Au ja!", gackern die Hennen wild durcheinander. „Aber was? Aber was? Aber was?"
Das ist natürlich ein großes Problem. Was könnten die Hennen dem Osterhasen schenken?
Ein braunes Huhn ruft: „Wir bringen ihm Eier!" Aber die anderen schreien es nieder. „Eier! So was Langweiliges! Eier haben die Hasen doch die ganze Zeit gehabt! Es soll etwas Besonderes sein! Etwas Außergewöhnliches!"
Also, was sollen sie dann machen? Nach und nach verstummen die Hennen. Tiefes Schweigen breitet sich über dem Hühnerhof aus. Sie denken angestrengt nach.
Plötzlich schlägt eine weiße Henne aufgeregt mit den Flügeln. „Ich hab's! Ich hab's! Ich hab's!", gackert sie. „Wir machen ein Denkmal! Ein Denkmal für Timmy! Mit seinem Ei! Mitten auf dem Hühnerhof!"
Die Hennen überlegen eine Weile. Dann nickt eine nach der andern mit dem Kopf. „Ja, das geht", meint auch die Oberhenne Mathilde schließlich. „Das geht sehr gut. Das ist sogar eine prima Idee!"
Sofort machen sich die Hennen ans Werk und seitdem steht das rosa Blumenei als Denkmal auf dem Hühnerhof. Und Timmy ist sehr stolz darauf!

Geschenke – hübsch verpackt

Jedes Geschenk macht noch mehr Freude, wenn es liebevoll verpackt ist. Schlag dein Geschenk direkt in schönes Papier ein oder wähl je nach seiner Form eine geeignete Schachtel aus. Die kannst du dann bekleben oder einwickeln und mit einem bunten Band, einer Schleife oder sonstwie schmücken. Die folgenden Abbildungen geben dir hierzu ein paar Anregungen.

Alle Vögel sind schon da

Worte: Hoffmann von Fallersleben
Weise: volkstümlich (aus Schlesien)

2. Wie sie alle lustig sind,
flink und froh sich regen!
Amsel, Drossel, Fink und Star
und die ganze Vogelschar
wünschen dir ein frohes Jahr,
lauter Heil und Segen.

3. Was sie uns verkünden nun,
nehmen wir zu Herzen:
Wir auch wollen lustig sein,
lustig wie die Vögelein,
hier und dort, feldaus, feldein
singen, springen, scherzen.

Osterpostkarten – selbst gemacht!

Willst du Ostergrüße an Freunde und Verwandte schicken? Dann mach deine Postkarten doch einmal selber! Besorg dir als Erstes einfache weiße Postkarten. Paus dann die Umrisse der zwei großen Zeichnungen auf transparentes Papier durch. Übertrag sie mit Hilfe von Kohlepa-

pier auf die Postkarten. Nun geht's ans Ausmalen! Am leichtesten ist es mit Buntstiften oder Filzstiften. Die kleinen Bilder zeigen dir, wie deine Postkarten aussehen könnten. Aber natürlich kannst du auch andere Farben auswählen!

Puste-Schmetterling

A. Kleb ein leeres Nähseideröllchen oben und unten mit Seidenpapier zu.
B. Falt ein Stück Zeichenpapier (9 x 11 cm) und zeichne darauf einen Schmetterlingsflügel (Bauch an der Faltlinie!).
C. Schneid den Schmetterling aus und bemal ihn.
D. Kleb auf seine Rückseite das Röllchen und kleb ihm einen kleinen Knopf als Kopf an.
E. Und so bastelst du dir ein Pusterohr: Roll ein Stück Zeichenpapier (6 x 6 cm) ein und kleb es zusammen. Achte darauf, dass das Nähseideröllchen gut hineinpasst!

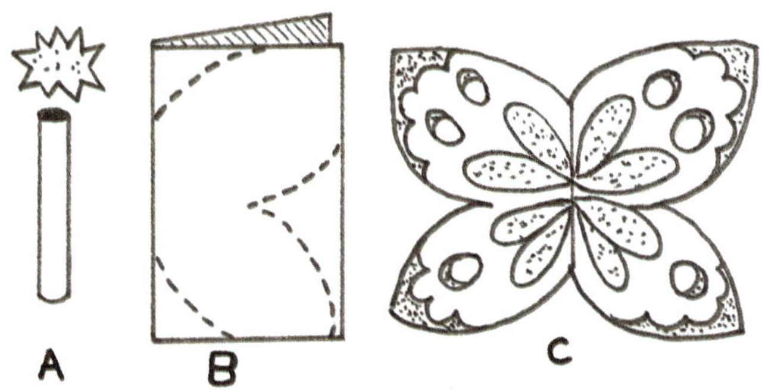

Jetzt lass deinen Puste-Schmetterling fliegen!

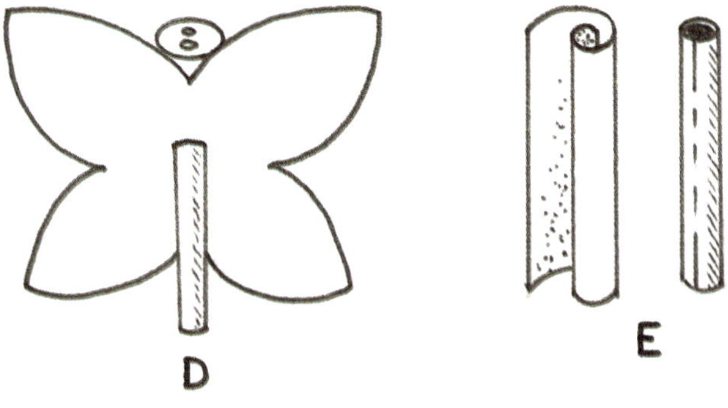

Stürmische Überfahrt

Was machen denn Pit und Leo bei so einem Gewitter auf dem See? Das ist doch gefährlich! He, seid ihr verrückt? Wieso seid ihr bei dem Wetter unterwegs?

Tja, wie kommen die beiden in so eine Gefahr? Hat sie denn niemand gewarnt? Es kam so:
Pit und Leo sind zwei tüchtige Eiermaler. Doch dann ist ihnen kurz vor Ostern die Farbe ausgegangen! Also haben sie beschlossen, Blütenblätter von der Blumeninsel zu holen, um daraus frische Farben zu pressen.
Als sie gerade das Boot ins Wasser schieben, kommt ihre Mutter dazu. „Bleibt lieber hier, Kinder!", warnt sie Pit und Leo. „Seht nur, die schwarzen Wolken dort hinten! Da kommt bestimmt ein Gewitter!"
Aber die beiden lachen nur. „Wir sind doch im Nu wieder da", sagt Leo, und Pit erklärt: „Wir brauchen unbedingt noch heute Blütenblätter für frische Farben."
Leo watet ins Wasser. „Keine Sorge, Mama, es ist ja nicht weit zur Blumeninsel. Bis gleich!", ruft er.
Mama Hase probiert es noch einmal. „Pit, du bist doch der Vernünftigere. Ich höre es schon donnern! Glaubt mir, ihr schafft es nicht rechtzeitig. Es reicht doch auch noch, wenn ihr morgen die Blüten holt!"
Pit überlegt: „Vielleicht sollten wir doch lieber morgen fahren?" Doch Leo schüttelt den Kopf.
„Ihr seid Angsthasen, alle beide!", kichert er, stößt das Boot schwungvoll ins Wasser und springt an Bord.
„Auf, Leo, streng dich an! Wir müssen Mama beweisen, dass wir schneller sind als der Wind!", ruft Pit.

Doch ganz wohl ist ihm nicht dabei. Hoffentlich sind sie wirklich schneller als der Wind!
Mama Hase macht sich große Sorgen. Sie seufzt: „Wenn das nur gut geht! Ich wünschte, sie wären hier geblieben! Aber sie wollten ja nicht auf mich hören!"

Auf der Blumeninsel angekommen, machen sich Pit und Leo gleich an die Arbeit. Sie pflücken rote, gelbe, blaue und violette Blüten in ihre Eimer. Die müssen dann in einer Spezialmaschine zerrieben werden und aus dem Blütenbrei wird die Farbe für die Ostereier angerührt. Du kannst dir gar nicht vorstellen, wie viele Blüten man für einen einzigen Eimer Farbe braucht!

Es dauert nicht lange, da zucken die ersten Blitze über den Himmel. Unglaublich schnell hat sich eine dunkle Wolkenwand aufgetürmt und schon fegen heftige Windstöße über die Insel.

Besorgt schaut Pit immer wieder zum Himmel hinauf. Der sieht wirklich gar nicht gut aus! Aber Leo pflückt und pflückt – er lässt sich nicht aus der Ruhe bringen.

Da! Wieder ein Blitz! Und mit mächtigem Krachen folgt der Donner. Pit springt auf. Jetzt hat er richtig Angst! „Leo, wir müssen los!", drängt er. „Sonst schaffen wir es wirklich nicht mehr!"

„Ich komm schon", antwortet sein Bruder. „Nur noch ein paar von den roten hier und dann ..." Rumms, ein Donnerschlag hat ihn unterbrochen.

„Leo!", schreit Pit. „Nimm deinen Eimer und komm endlich, sonst fahr ich allein los! Ich hab keine Lust, wegen ein paar Blütenblättern zu ertrinken!" Doch Leo, es ist nicht zu fassen – er pflückt immer noch weiter!

Endlich hat er genug Blumen. Er läuft hinter Pit her ans Ufer und springt rasch zu ihm in das Boot.
Der Himmel ist unterdessen fast schwarz, die Wolken jagen dahin. „Ich wünschte, wir hätten auf Mama gehört", jammert Pit. Aber jetzt ist es zu spät!

„Alles halb so wild! Du wirst sehen, bevor es richtig schlimm wird, sind wir daheim“, tröstet Leo seinen Bruder. Aber auch er bekommt langsam Angst.
Der Wind wird noch stärker und die Wellen schaukeln das kleine Boot heftig hin und her.
Pit umklammert das Steuer und fragt verzweifelt: „Kannst du nicht schneller rudern, Leo?“
Aber sosehr Leo sich auch abmüht, er kommt kaum von der Stelle. Der Wind türmt die Wellen auf und drückt das Boot immer wieder zur Insel zurück.
„Ich mach schon, so schnell ich kann!“, ächzt er.
Pit jammert: „Wenn wir bloß daheim geblieben wären!“ Die Tränen laufen ihm über die Backen. Leo ärgert sich.
„Jetzt hör auf zu heulen!“, faucht er seinen Bruder an. „Du machst mich bloß nervös! Halt deinen Mund und pass auf, wohin du steuerst! Bei dem Wetter will ich nicht um die ganze Insel herumfahren!“
Nun wird Pit wütend. So wütend, dass er aufhört zu weinen. „Jetzt tust du wieder so, als ob ich allein schuld wäre!“, schreit er Leo an. „Ich wollte ja auf Mama hören, aber du hast gesagt, wir sind Angsthasen!“
Da kracht wieder ein Donnerschlag. Leo wollte Pit eben eine zornige Antwort geben, aber da ist er dann doch lieber still. Er braucht seine ganze Kraft zum Rudern, da kann er nicht auch noch mit seinem Bruder streiten.

Außerdem fühlt er sich längst nicht mehr so mutig, wie er Pit gegenüber tut. Ein Donnerschlag folgt jetzt auf den anderen und das Boot kommt fast nicht mehr von der Stelle. „Wären wir bloß daheim geblieben!", denkt auch Leo. Er hat mit einem Mal ganz schön Angst bekommen!

Endlich hat Leo es geschafft, das Boot von der Blumeninsel wegzurudern. Sie sind jetzt mitten auf dem See. Er strengt sich mächtig an, aber die Arme tun ihm schon ziemlich weh. „Ist es noch weit?", fragt er Pit.
Der versucht, das Steuer festzuhalten, doch die Wellen drücken es immer wieder in eine andere Richtung.
„Ich weiß nicht", antwortet er und klappert vor Angst und Kälte mit den Zähnen. „Ich kann nichts sehen. Überall sind bloß hohe Wellen und schwarze Wolken. Es gibt überhaupt kein Land mehr, glaub ich."
Leo zerrt an den Rudern und keucht: „Quatsch nicht, natürlich gibt es Land! Wahrscheinlich steuerst du in die falsche Richtung und wir fahren immer im Kreis!"
„Dann nimm doch du das Steuer und lass mich rudern!", schreit Pit wütend. „Immer meckerst du bloß an mir rum! Aaahh!" Da hat Pit vor lauter Zorn einen Moment nicht aufgepasst und eine große Welle hat ihn einfach über Bord gespült!
„Halt dich fest, Pit!", brüllt Leo, so laut er kann. Aber es ist schon zu spät.
Pit verschwindet im aufgewühlten Wasser.
„Hilfe!", schreit er, als er wieder auftaucht. „Hilf mir, Leo, ich ertrinke! Ich kann doch nicht schwimmen!"
Leo ist wie gelähmt vor Schreck. Was soll er nur tun? Er kann genauso wenig schwimmen wie sein Bruder!

„Halt dich am Ruder fest!", schreit er. Doch das Boot schwankt hin und her – Leo kann ihn mit dem Ruder einfach nicht erreichen und Pit geht wieder unter. „Pit!", brüllt Leo aus Leibeskräften. „Wo bist du?" Doch auf dem Wasser ist nichts mehr zu sehen.

Schwupp – ganz plötzlich taucht Pits Kopf zwischen den Wellen auf. Und links und rechts neben ihm? Zwei dicke grüne Fische! Sie lachen, als wäre alles ein Riesenspaß.
Pit hat beide Arme fest um sie herumgeschlungen und lässt sich von ihnen tragen. Leo ist so erleichtert, dass er das Ruder loslässt. Im Nu treibt es vom Boot weg. Jetzt kann er endgültig nicht mehr weiter!
„Verdammter Mist! Jetzt ist das Ruder auch noch weg!", schreit er ärgerlich. Wie soll er da nach Hause kommen? Doch die Fische grinsen vergnügt aus den Wellen und winken mit ihren Schwänzen. Soll das etwa heißen ...?
Leo probiert es einfach aus. Er wirft den Fischen ein Seil zu, und ehe er sichs versieht, haben es zwei von ihnen um ihre Schwänze geschlungen. Dann ziehen sie das Boot durch das Wasser in Richtung Ufer.
„Donnerwetter, ihr seid ganz schön stark!", ruft Leo verblüfft. Er hält das Seil mit beiden Händen fest und stemmt sich gegen die Ruderbank. Die Fische ziehen ihn wie zwei kräftige Kutschpferde und im Nu haben sie Pit mit seinen beiden Rettern eingeholt.
Inzwischen hat das Unwetter schon etwas nachgelassen. Die Wellen sind längst nicht mehr so hoch wie vorher. Die beiden Hasen können schon wieder lachen!
„Wenn uns Mama so sehen könnte! Die würde Augen machen!", denkt Leo. Aber er sagt lieber nichts.

„Eigentlich ist es ja toll im Wasser!", ruft Pit atemlos dem Leo zu. „Wir sollten unbedingt schwimmen lernen! Die Fische zeigen es uns bestimmt!"
Da lachen seine beiden neuen Freunde und nicken begeistert mit den Köpfen.

Als die Hasen das Land erreichen, scheint bereits wieder die Sonne. Der Himmel ist strahlend blau, man kann kaum glauben, dass es so ein Gewitter gegeben hat!
Mama Hase hat ihre Kinder am Ufer erwartet. Kannst du dir vorstellen, was sie für Angst um die beiden hatte? „Bin ich froh, dass ihr wieder da seid!", ruft sie und umarmt abwechselnd mal Pit und mal Leo. Ihr Kleid ist nass, als ob sie selbst im Wasser gewesen wäre.
„Wie habt ihr das bloß geschafft?", fragt sie. „Die Wellen waren so hoch, wie ich sie noch nie in meinem Leben gesehen habe!"
„Du musst dich bei den Fischen bedanken", erklärt Leo und leert das Wasser aus dem Boot. „Ohne sie hätten wir vielleicht doch etwas länger gebraucht, nicht wahr, Pit?" Er blinzelt ihm zu, Pit soll bloß nicht verraten, wie schlimm es tatsächlich war. Aber der wirft ihm einen warnenden Blick zu. „Gib nicht so an, Leo!", sagt er ernst. „Ohne die Fische wäre ich ertrunken."
Mama Hase schüttelt sich vor Schrecken bei diesem Gedanken. „Danke, ihr Fische!", ruft sie über den See. Die winken ihr zu und springen übermütig in die Luft.
„Sieh nur, dort hinten bringt uns einer sogar das verlorene Ruder!", freut sich Pit. Leo setzt hinzu: „Die Blumen haben sie auch für uns eingesammelt. Sonst müssten wir gleich wieder losfahren!"

„Kommt gar nicht in Frage!", ruft die Hasenmama. „Jetzt zieht ihr euch erst einmal um und trinkt einen heißen Salbeitee! Sonst habt ihr morgen Husten und dann könnt ihr an Ostern keine Eier verstecken! Hustende Osterhasen hören die Kinder nämlich schon meilenweit!"

Am nächsten Morgen machen sich Pit und Leo mit Feuereifer an ihre Arbeit. Pit füllt Blüten in die Pressmaschine und Leo dreht an der Kurbel.
„Das wird bestimmt die schönste Farbe, die wir je hatten!", meint Leo.

„Das glaub ich eigentlich nicht", erwidert Pit. „Wieso sollte auch die Farbe anders werden, bloß weil wir so dumm waren und im Gewitter über den See gefahren sind?"
Leo ärgert sich. „Sei doch nicht immer so vernünftig!", knurrt er seinen Bruder an. „Du bist so ein richtiger Langweiler!" Er wirft Pit giftige Blicke zu.
Aber der lässt sich nicht von ihm reizen. „Weißt du, Leo, ich mach gern ein bisschen Quatsch. Aber gestern, das war kein Quatsch mehr, das war gefährlich. Wir hätten ertrinken können! Ich hatte entsetzliche Angst."
Leo seufzt. Er weiß ganz genau, dass Pit Recht hat. Aber es fällt ihm so schwer, das zuzugeben!
„Ich hab eine Idee!", sagt er da plötzlich. „Ich male auf die letzten Eier die Geschichte von gestern auf! Von Anfang an: Wie Mama uns gewarnt hat, wie du ins Wasser gefallen bist, wie die Fische uns gerettet haben – einfach alles! Eine richtige Oster-Gewitter-Geschichte soll das werden! Was hältst du davon?"
Pit findet die Idee toll. „Auf jeden Fall helf ich dir dabei!", ruft er gleich.
Am nächsten Tag malen Pit und Leo, wie besprochen, ihre Geschichte auf die Eier. Sie geben sich große Mühe, denn einfach ist das nicht. Auf dem einen Ei sehen die Fische aus wie grüne Würmer, auf einem anderen wieder gerät ihnen Mutter Hase so dick wie ein Nilpferd.

„Puh, das hab ich mir leichter vorgestellt!“, stöhnt Leo, und Pit nickt zustimmend. Er hat die Zunge zwischen die Lippen geklemmt und zeichnet zackige gelbe Blitze, die aus einem tintenblauen Himmel zucken.
Endlich sind die beiden fertig. Voller Stolz stellen sie die Eier der Reihe nach vor der Werkstatt auf.
Die anderen Hasen kommen neugierig heran. Sie staunen: Solche Eier haben sie ja noch nie gesehen! Schnell holen sie den Oberosterhasen herbei.
Der bewundert die Eier ebenfalls. „Wie seid ihr bloß auf diese Idee gekommen?“, fragt er.
Leo macht schon den Mund auf und will irgendeine Lügengeschichte erzählen. Da sieht er Pits warnenden Blick. Schnell sagt er: „Das ist uns gestern passiert, als wir Blütenblätter für Farbe holen wollten. Mama hatte uns vor dem Gewitter gewarnt, aber ich wollte nicht hören. Wir haben gerade noch mal Glück gehabt.“
Der Oberosterhase nickt bedächtig. „Du scheinst tatsächlich etwas gelernt zu haben, Leo“, sagt er. „Das finde ich toll. Und deshalb bekommt ihr in diesem Jahr den Preis für die schönsten Ostereier. Auch wenn die Fische da eher aussehen wie grüne Würmer!“
„Hurra!“, schreien die Osterhasen. Pit und Leo aber versprechen ihrer Mutter ganz fest, dass sie nie wieder bei Sturmgefahr auf den See hinausfahren werden.

Tanzende Küken

Falte ein Stück Papier wie eine Ziehharmonika. Mal ein Küken mit ausgestreckten Flügeln darauf, sodass die Flügelspitzen bis an den Rand des Papiers reichen. Schneid das Küken aus. Falte es auseinanander – und schon hast du eine Reihe tanzender Küken, denen du noch Augen und Schnabel malen kannst!

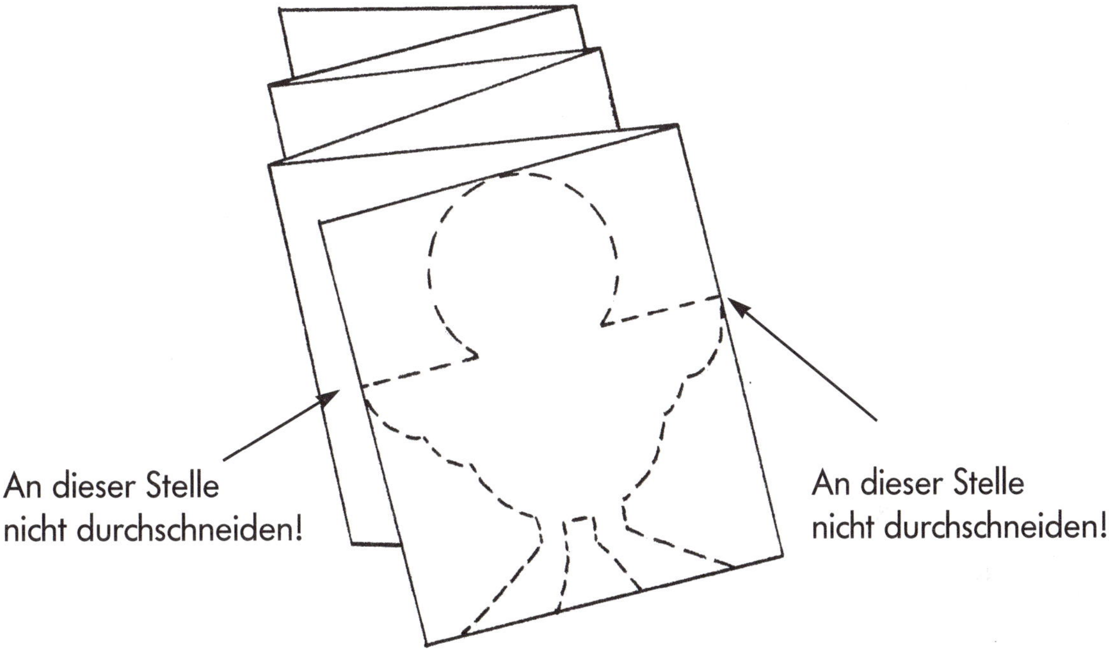

Häslein in der Grube

Worte und Weise: volkstümlich

2. Häslein in der Grube
nickt und weint, nickt und weint.
„Doktor, komm geschwind herbei
und verschreib ihm Arzenei!
Häslein, schluck! Häslein, schluck! Häslein, schluck!“

3. Häslein in der Grube
hüpft und springt, hüpft und springt.
„Häslein, bist du schon kuriert?
Hui, das rennt und galoppiert!
Häslein, hopp! Häslein, hopp! Häslein, hopp!“

Wir bemalen Ostereier

Willst du euren Ostertisch mit lustigen Eiergesichtern schmücken? Oder möchtest du Freunden zu diesem Fest eine Freude machen? Dann schenk ihnen doch ein selbst bemaltes Osterei!
Auf der gegenüberliegenden Seite findest du lustige Gesichter und schöne Muster, die du nachmalen kannst. Weitere Muster sind im Kapitel „Eierschmuck für den Osterstrauß".

Zum Bemalen gibt es verschiedene Möglichkeiten:

1. Färb die Eier mit Ostereierfarbe nach der Anweisung auf der Packung (dabei werden sie gleichzeitig hart gekocht) und verziere sie anschließend schön mit Temperafarben.
2. Trag die bunten Temperafarben gleich auf hart gekochte abgekühlte Eier auf.
3. Bemal deine hart gekochten Eier mit Filz- oder Farbstiften.

Wenn du dein Eiergesicht als Tischschmuck aufstellen willst, kleb es auf einen „Kragen". Du kannst dazu einen Streifen von einer leeren Klopapierrolle nehmen oder einen selbst geklebten Papierring.

Oster-Mobile

Übertrag den Hasen und die Eier auf dünnen weißen Karton, die kleinen und die mittleren Eier dreimal, das große einmal. Loch den Hasen an den vier gekennzeichneten Stellen; die kleinen Eier des Mobiles und ein mittelgroßes zweimal, die andern nur einmal. Bemal Hasen und Eier und verbinde sie durch Schnur, wie es die Abbildung rechts zeigt. Häng dein Mobile an einer Schnur auf!

10 kleine Hasen

ZEHN Hasenkinder – zähl sie nach! –,
die toben durch das Haus.
Pardauz! da plumpst eins in den Eimer.
NEUN ziehn es pitschnass raus.

Als NEUN im Garten Unkraut zupfen,
ruft eines: „Huch!" vor Schreck.
„Pst!", macht der Has im blauen Anzug.
ACHT Hasen schleichen weg.

ACHT Hasen segeln vor dem Wind –
hui! – übern großen Teich.
„Has über Bord!", schrein plötzlich SIEBEN.
Wer rettet ihn sogleich?

Weil einer von den SIEBEN Hasen
so gut erzählen kann,
wird er umringt von vielen Tieren.
SECHS gehn schon mal voran.

SECHS Hasen reiten um die Wette.
Hei, welch ein frohes Spiel!
Als eine Gans die Richtung ändert,
gelangen FÜNF ans Ziel.

**FÜNF Häschen spielen mit den Schafen.
Jetzt flitzt eins wie der Wind,
weil da ein Ziegenbock gerannt kommt.
VIER retten sich geschwind.**

**VIER Häschen finden den Ballon,
eins klettert mutig rein.
Da steigt er plötzlich in die Luft ...
wie DREI auch ziehn und schrein!**

Das Waldfest wird hier vorbereitet.
DREI Häschen bleiben stehn.
„Ich helfe euch“, sagt eins sofort.
ZWEI rufen: „Tschüs, wir gehn!“

Als ZWEI dann auf der Wiese sind,
guckt eines in ein Loch.
Oje! – es rutscht ins Hamsterhaus.
Zurück bleibt EINES noch.

EIN Hasenkind geht nun nach Hause.
Und wen kann es dort sehn?
Die andern NEUN, sie warten schon.
So sind's zusammen ZEHN.

Ein schöner Tag geht nun zu Ende.
Der Tisch ist schon gedeckt,
ZEHN Hasen sitzen drum herum.
Sieh nur, wie's ihnen schmeckt!

Ein Tag im Freizeitpark

„Ich habe eine Überraschung für euch", sagt Vater Hase zu Tom und Hannes. „Weil ihr uns an Ostern so toll geholfen habt, dürft ihr in den Freizeitpark!"

„Hurra!", brüllen die beiden aus vollem Hals. „Genau das haben wir uns schon so lang gewünscht!"
Sie können es kaum erwarten, bis Vater die Karten gekauft hat, dann stürmen sie los wie die Wilden.
„Tschüs, Mama, tschüs, Paps!", rufen sie im Wegrennen. Dann drehen sie sich noch einmal um, sausen zurück zu den Eltern und geben jedem einen dicken Kuss. „Danke! Das war echt eine Superidee!" Und weg sind sie.
Gleich als Erstes fahren sie mit der Seifenkistenbahn. Hannes darf steuern. Er kreischt laut vor Aufregung, als ihr Wagen mit einem Satz über den Bach springt. „Wir fliegen!", schreit er. Hopp – eine glatte Landung und schon flitzen sie weiter, schnell wie der Wind.
Tom jubelt: „Ist das toll! Ich will gleich noch mal! Darf ich dann lenken, Hannes? Bitte, lass mich mal!"
Sie fahren so oft mit der Bahn, bis ihnen ganz schwindlig ist. Dann setzen sie sich für eine Weile auf die Wiese und erholen sich erst mal.
„Was wollen wir als Nächstes machen?", überlegt Hannes. Tom schlägt vor: „Vielleicht rudern wir ein Stück den Bach entlang? Ich bin noch nie mit einem Ruderboot gefahren! Es macht bestimmt viel Spaß!"
Hannes aber findet Rudern langweilig. Er ist viel zu neugierig, was es im Freizeitpark noch alles gibt. „Wir hätten uns einen Plan mitnehmen sollen!", meint er.

Ein Hasenjunge hat ihr Gespräch gehört und erklärt ihnen: „Dort hinter dem Hügel ist das große Trampolin."
„Ein Trampolin? Toll!" Hannes ist begeistert. „Lass uns gleich loslaufen, Tom!", ruft er und springt auf die Füße. Tom kommt gar nicht so schnell nach.

„Ihr könnt auch auf dem Bach zum Trampolin rudern!", ruft der Hasenjunge noch hinter ihnen her.
„Das ist die Idee! Wir rudern zum Trampolin! Bitte, Hannes!", ruft Tom da. Jetzt ist Hannes doch einverstanden. Sie holen sich ein feuerrotes Boot, das aussieht wie eine große Eierschale. Tom setzt sich an die Ruder. Hannes gibt das Kommando: „Eins, zwei, los!"
Tom rudert mit aller Kraft. „Mehr nach links!", ruft Hannes. Aber wie lenkt man ein Ruderboot? Es hat ja kein Lenkrad wie die Seifenkisten!
Rumms – da hat Tom ein anderes Boot gerammt. „Pass doch auf!", schreit der Hasenjunge in dem Boot, das gefährlich schwankt. „Du wirfst mich ja um! Ich kann doch nicht schwimmen!"
„Solltest du aber können, wenn du hier auf dem Bach herumpaddelst!", bemerkt Tom naseweis. Aber Hannes lacht nur: „Schaut doch, der Bach ist gar nicht tief! Das Wasser geht allerhöchstens bis an die Knie!"
Dann tauschen die beiden Plätze. Jetzt muss Hannes rudern. Er wundert sich: „Das strengt ganz schön an!"
„Ich dachte, du hast so starke Muskeln. Vom Eiertragen und so! Hast du jedenfalls behauptet", spottet Tom.
„Hab ich auch", ärgert sich Hannes. „Ich bin ja auch viel schneller als du vorhin! Dich haben ja sogar die Wasserschnecken überholt!"

„Haben sie nicht!", ruft Tom beleidigt. „Und du ruderst kein bisschen schneller als ich, das bildest du dir bloß ein!" Um seinem Ärger Luft zu machen, spritzt er Hannes nass.
Der aber hat ja die Ruder in der Hand und – platsch! – schlägt er mit dem Ruderblatt aufs Wasser, dass sich eine ganze Fontäne über Tom ergießt. Im Nu sieht der aus wie eine gebadete Ratte! Aber auch der Hasenjunge, den sie vorher angerempelt hatten, bekommt einiges ab.
„Seid ihr verrückt!", schreit er ärgerlich und spritzt gleich zurück. Schon ist eine wilde Wasserschlacht im Gange! Zwei andere Boote kommen noch dazu und spritzen kräftig mit. Bald sind alle Hasenjungen tropfnass!
„Aufhören! Hört endlich alle auf!", ruft Hannes schließlich. So nach und nach halten die Hasen inne. Da sitzen sie nun triefend in ihren Booten und das Wasser läuft ihnen aus den Hosenbeinen.
„Hihihi!", kichert Tom. „Gut siehst du aus, Hannes!"
„Meinst du, du nicht?", fragt der und grinst. Nun fangen alle Hasen an zu lachen. Keiner denkt mehr an den Streit, sie quietschen vor Vergnügen und halten sich die Bäuche. Was für ein toller Spaß!
Als Tom sich wieder beruhigt hat, fragt er: „Was machen wir jetzt, so nass wie wir sind? Wollen wir uns in die Sonne legen zum Trocknen? Oder gehen wir schwimmen?"

„Wir gehen jetzt zum Trampolinspringen!", ruft ein Hasenjunge. Schon rudern sie alle los. Beim Trampolin angekommen, nehmen sie tüchtig Anlauf und springen in hohem Bogen in den Teich. Nass sind sie ja eh schon alle! „Ich hab eine Idee!", schreit Tom.

„Wir machen ein Wettspringen! Ich pass auf, wer am weitesten kommt!" Hui, da sausen die Hasen wie kleine Raketen ins Wasser. „Hannes kann es am besten!", entscheidet Tom schließlich. Dann nimmt er Anlauf und springt selbst in den Teich – sogar weiter als sein Bruder!

„Also, ich brauch jetzt eine Pause", erklärt Hannes schließlich und klettert an Land. Er wischt sich das Wasser aus den Augen, schüttelt die Ohren trocken und sucht sich ein gemütliches Plätzchen, wo er sich hinsetzen kann.
Tom folgt ihm kurz darauf. Schwimmen und Springen ist ganz schön anstrengend! Außerdem macht es hungrig. „Wollen wir etwas essen?", fragt Hannes. „Dort hinten hab ich einen Stand gesehen, da gibt es lauter leckere Sachen. Ich hab Hunger wie ein Wolf."
Tom gähnt und schaut in den blauen Himmel hinauf. „Gute Idee. Bring mir Möhren mit, bitte", murmelt er. „Und einen großen Becher Wasser. Und vielleicht auch noch Kartoffelchips. Und ein Salatbrötchen. Und ..." Aber bevor er noch den Satz beenden kann, ist er schon eingeschlafen. Er schnarcht leise und Hannes kichert vor sich hin. „Du kleiner Penner!", murmelt er. Dann macht er sich auf den Weg zu dem Essenskiosk.
Als Tom wieder aufwacht, hat Hannes schon alles für ein leckeres Picknick vorbereitet. Auf einer Serviette liegen Möhren und Salatbrötchen, daneben steht eine Schale mit knusprigen Kartoffelplätzchen. Als Nachtisch gibt es Äpfel, Birnen, Nüsse und Erdbeeren und dazu natürlich zwei große Becher frisches Wasser zum Trinken. Tom reibt sich ganz verblüfft die Augen.

„Donnerwetter!", staunt er. „Du hast ja tatsächlich alles gebracht, was ich gesagt habe! Und sogar noch Obst! Das hätte ich gar nicht von dir erwartet! Danke!"
Hannes strahlt zufrieden. Dann langen die beiden kräftig zu. Tom beißt krachend von einer Möhre ab und überlegt: „Was meinst du, was gibt es hier noch alles zu sehen?"
„Keine Ahnung", nuschelt Hannes, den Mund voller Kartoffelplätzchen. „Aber eine lange Rutsche wäre toll. Oder ein Riesenrad. Oder vielleicht eine Achterbahn!"
„Achterbahn?", meint Tom zweifelnd. „Nach dem Essen? Na, ich weiß nicht, ob das mein Magen aushält!" Dann nimmt er sich noch ein Salatbrötchen und beißt hinein.
Schließlich haben die beiden alles aufgegessen. Sie bringen den Müll weg und waschen sich am Bach die Hände. Dann ziehen sie los, um zu sehen, welche Überraschungen hinter den Hügeln noch auf sie warten.
„Es sollte eine Pferdekutsche hier geben, mit der man durch den Freizeitpark fahren kann!", meint Hannes. „Mir tun schon langsam die Füße weh!"
Tom lacht und ruft: „Ich sehe etwas viel Besseres! Eine Sesselbahn! Damit wollte ich schon immer mal fahren!"
Vergnügt steigen die beiden ein und schaukeln über den Hügel hinüber. Dort landen sie ausgeruht bei der nächsten Station.

Das ist tatsächlich eine Rutschbahn! „Herrlich!", freut sich Hannes und saust gleich wie der Wind hinunter.
Schwupp – schon landet er in einer Wanne mit lauter weichen Gummieiern! Er lacht aus vollem Hals. „Tom! Das musst du auch probieren!", ruft er.

Aber Tom hat ein Hüpfei entdeckt und springt damit über die Wiese. Hopp, hopp, noch höher, noch weiter! Mit Schwung fliegt er über ein paar Pilze hinweg.
„Hannes!", ruft er atemlos. „Hol dir schnell auch so ein Ei! Das ist eindeutig das Beste! Fast wie fliegen!"

Hannes probiert es aus. „Du hast Recht, einfach Klasse!“, findet auch er nach den ersten Sprüngen.
„Komm, wir machen ein Wettspringen!“, ruft Tom da. „Wer von uns schneller beim Riesenrad ist!“
Auf die Plätze – fertig – los! Wie zwei wild gewordene Kängurus hopsen die beiden über die Wiese. Erst ist Tom vorn, aber dann holt Hannes kräftig auf. Schließlich gewinnt er mit einer Nasenlänge Vorsprung vor seinem Bruder. „Das war knapp“, keucht Tom. „Das nächste Mal gewinne ich, du wirst sehen!“
Hannes schnappt nach Luft. „Ganz ... schön ... anstrengend diese ... Hopserei!“, ächzt er.
Dann setzen sich die beiden gemütlich in das Riesenrad und lassen sich hoch hinauftragen.
„Schau nur, von hier aus sieht man den ganzen Park!“, staunt Tom. „Dort hinten ist die Seifenkistenbahn! Und da ist auch der Bach, auf dem wir gerudert sind! Und der Hügel mit der Sesselbahn und die Rutsche!“
„Tom!“, schreit Hannes da. „Dreh dich um! Schnell! Da ist ein Ballon! Ein riesiger!“
Tatsächlich – langsam und majestätisch schwebt ein großer Gasballon über den Freizeitpark. Unten in der Gondel stehen einige Hasen und winken.
Tom und Hannes bleibt der Mund offen stehen vor Staunen. So etwas haben sie noch nie gesehen!

„Also da würde ich für mein Leben gern mitfahren!", seufzt Tom sehnsüchtig. Aber Hannes ist sich da nicht so sicher. „Und was ist, wenn er platzt?", überlegt er.
„Was du dir immer für Sorgen machst!", ärgert sich Tom. „An so was darf man doch gar nicht denken!"

„Sag mal, Tom, ist das dort hinten nicht Papas Auto?" Hannes hat wirklich Augen wie ein Falke. Tom blinzelt eine Weile und nickt dann. „Du hast Recht. Das ist seine blaue Eierkutsche. Wieso will er uns jetzt schon abholen? Wir haben doch noch nicht alles gesehen!"
Da merken die beiden, dass es tatsächlich schon dämmert! „So spät! Ich hab überhaupt nicht gemerkt, wie die Zeit vergeht. Jetzt können wir gar nicht mehr mit der Achterbahn fahren! Oder mit dem Karussell!", meint Tom enttäuscht. Der Tag war einfach viel zu kurz!
Aber Hannes sagt: „Ehrlich, mir reicht es für heute. Ich bin ganz schön müde. Und vielleicht dürfen wir ja bald mal wieder hierher. Komm, lass uns gehen."
So machen sie sich also auf den Weg zum Ausgang. Kaum sind sie bei den Eltern angelangt, als auch schon beide lossprudeln. „Wir haben eine Riesenwasserschlacht gemacht!", ruft Tom, und Hannes wedelt aufgeregt mit den Armen, um zu zeigen, wie weit er mit dem Hüpfei springen kann.
Vater und Mutter Hase müssen lachen. „Immer langsam!", mahnt der Vater. „Ihr habt noch den ganzen Abend vor euch, um alles zu erzählen! Also schön der Reihe nach!"
Mutter Hase umarmt die beiden und fragt vergnügt: „Was haltet ihr von einem Eis, bevor wir losfahren?"
„Mhh, sehr viel!", grinst Tom und leckt sich die Lippen.

Schließlich tuckern sie los. Tom leckt an seinem Eis, Hannes winkt noch eine Weile aus dem Auto. Dann werden sie müde. „Ein toller Tag!", murmelt Tom. „Einfach Spitze!", bestätigt Hannes. Den Rest der Fahrt hört man nur noch zufriedenes Schnarchen vom Rücksitz.

Alle meine Entchen

Worte und Weise: volkstümlich

2. Alle meine Entchen
sind lustig auf dem See,
sind lustig auf dem See,
erst ziehen sie das eine Bein,
dann's andre in die Höh.

3. Alle meine Entchen
schwimmen an das Land,
schwimmen an das Land
und fangen an zu watscheln,
es ist doch eine Schand!

4. Alle meine Entchen
werden jetzt ganz keck,
werden jetzt ganz keck,
sie flattern und sie flattern
und kommen nicht vom Fleck.

5. Alle meine Entchen
schlafen jetzt schon ein,
schlafen jetzt schon ein,
sie stecken unters Flügelein
ihr Schnäbelein hinein.

GOTTSCHLICH

Osterpostkarten – andere Motive

Damit du nicht allen Freunden die gleichen Karten schicken musst, sind hier noch zwei weitere Motive. Besorg dir wieder als Erstes einfache weiße Postkarten. Pause dann die Umrisse der zwei großen Zeichnungen auf transparentes Papier durch. Übertrag sie anschließend mit Hil-

fe von Kohlepapier auf deine Postkarten. Nun geht's ans Ausmalen! Am leichtesten ist es mit Buntstiften oder Filzstiften. Die kleinen Bilder zeigen dir, wie deine Postkarten aussehen könnten. Aber natürlich kannst du auch andere Farben auswählen!

Uli in der Hasenschule

Noch eine Woche bis Ostern! Uli kommt mit seinen Freunden und dem Lehrer Anton auf den Hühnerhof. Uli ist übrigens der Hasenjunge mit dem rot-weißen Ringelpulli und der blauen Tupfenhose. Siehst du ihn?

„Habt ihr auch genügend Eier gelegt?", fragt Uli die Hühner. „Aber sicher, aber sicher!", gackern sie. „Ihr wisst doch, dass ihr euch auf uns verlassen könnt!"
Schon schleppen sie Eier herbei. Die Hasen füllen ihre Körbe und Taschen. Hoppla – da ist doch tatsächlich eins zerbrochen! Aber macht nichts, so etwas kommt vor.

Zuerst bringen sie die Eier in die große Küche von Hasenmama Elvira. Dort sollen sie gekocht und gefärbt werden. Das ist eine Riesenarbeit! Alle packen mit an.
„Bloß keines fallen lassen! Rühreier können wir nicht anmalen!", kichern die Häschen. Hopp und hopp, schnell sind alle Eier auf dem Regal aufgereiht.

Uli macht das Ofentürchen auf und sieht nach dem Feuer. „Darf ich Holz nachlegen?", fragt er eifrig.
„Sei vorsichtig und brenn dich nicht!", mahnt die Hasenmama. Dann lobt sie ihre fleißigen Helfer: „Das macht ihr wirklich alle ganz toll! Bestimmt werden wir die schönsten Ostereier im ganzen Hasendorf haben!"

Natürlich färben die Hasen die Eier nicht nur mit einer Farbe ein. Das wäre ja viel zu langweilig! In der Malschule bei Lehrer Anton lernen die Kinder bunte Muster, mit denen sie die Eier prächtig verzieren können.
Was es da nicht alles gibt! Blumen, Tupfen, Herzen, Streifen – da wird ein Ei schöner als das andere!

Die jungen Hasen arbeiten mit Feuereifer. Jeder möchte so viele Muster lernen wie nur irgend möglich.
„Ich probiere jetzt die große weiße Blume. Die gefällt mir besonders gut", flüstert Bella dem Uli zu. „Toll!", antwortet der. „Aber schau nur, wie weit ich schon bin! Siehst du, welches Ei ich gerade male?"

Später prüft der Lehrer Anton die fertigen Eier. „Das habt ihr wirklich wunderbar gemacht!“, lobt er die Eiermaler. „Und Bellas Blumenei ist ganz besonders gut gelungen!“ Bella freut sich natürlich und wird vor Verlegenheit sogar ein bisschen rot.
„Darf ich es auch selbst verstecken?“, fragt sie.

„Beeilt euch!“, ruft Uli seinen Freunden Pit und Patrick zu. Die beiden bemalen noch gemeinsam das letzte weiße Ei, während Hasenmama Elvira schon mit dem Einpacken anfängt. „Ich freu mich ja so!“, ruft Uli. Er hüpft aus lauter Begeisterung von einem Bein aufs andere.
„Morgen dürfen wir sie dann endlich alle verstecken!“

Ostersonntag! Die Hasen haben vor Aufregung kaum geschlafen. In aller Frühe schon sind sie startbereit. „Viel Spaß!", ruft die Hasenmama und winkt. Ihre beiden jüngsten Kinder können noch nicht mitgehen. Sie hängen an ihrem Rock und quengeln: „Aber nächstes Jahr dürfen wir auch Eier verstecken! Das musst du versprechen!"

Der Lehrer Anton auf dem Fahrrad gibt das Startsignal. „Mir nach!", befiehlt er fröhlich. Das lassen sich die Hasen nicht zweimal sagen: Hui, schon sausen sie los!
„Ich weiß ganz tolle Plätze! So richtig schwierige Verstecke!", jubelt Uli. Was meinst du – werden die Kinder seine Eier wohl finden?

Eierschmuck für den Osterstrauß

Wasch ausgeblasene Eierschalen sorgfältig mit Seife ab, damit die Farbe gut hält.

Fürs Bemalen gibt es drei Möglichkeiten:

1. Färb die Eierschalen mit Ostereierfarbe und verzier sie mit Temperafarben.
2. Trag die bunten Temperafarben gleich auf die weißen Schalen auf.
3. Bemal deine Eier mit Filz- oder Farbstiften.

Auf der gegenüberliegenden Seite, ganz vorn im Buch und auf Seite 49 findest du eine Menge Muster, die du nachmalen kannst.

Und so hängst du die Eier an einen Frühlingsstrauß:

1. Schneid dir für jedes Ei einen Faden zu.
2. Binde ihn um ein Holzstückchen (ein halbes Streichholz oder ein Stückchen Zahnstocher). Führ das Hölzchen ins Ei ein. Es wird sich innen quer stellen und du kannst dein Osterei am Zweig festbinden.

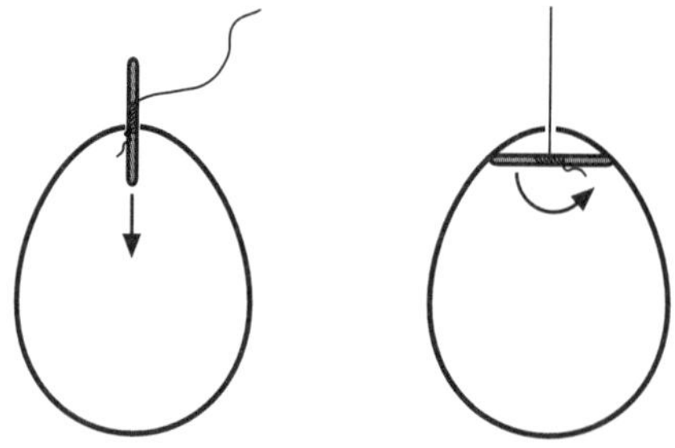

Wule, wule, Gänschen

Worte und Weise: volkstümli

2. Komm, du meine graue,
und du meine blaue,
und du mit dem langen Zopf,
und du mit dem dicken Schopf,
und du schwarzer Peter, gi, ga, gei,
und du schwarzer Peter, gi, ga, gei!

Lustige Hasenmaske

Falte ein Stück dünnen Karton (Format DIN A4) längs. Übertrag das halbe Hasengesicht so darauf, dass die gestrichelte Linie am Knick anliegt. Lass den Karton gefaltet und schneid die Maske aus. Mach mit dem Locher auf jeder Seite ein Loch. Schneid Löcher für die Nase, die Augen und den Mund. Betupf die Maske mit Klebstoff und kleb Wattebäusche fest, damit das Hasengesicht flauschig wird. Miss ein Gummiband ab, binde es an den seitlichen Ösen fest und – setz deine Hasenmaske auf!

Der kunterbunte Eierexpress

Hast du gedacht, die Osterhasen tragen die Eier in Körben zu den Kindern? Nein, nein, diese Zeit ist im Osterhasenland längst vorbei. Das ginge ja auch viel zu langsam. Stattdessen fahren die modernen Osterhasen mit dem Zug – dem kunterbunten Eierexpress!

Klingeling! Klingeling! Mit lautem Gebimmel braust der Eierexpress heran. Lokführer Korbinian läutet die Glocke, damit die Hasen an der Verladestation schon von weitem hören, dass er kommt. Er ist in Eile, denn morgen ist Ostersonntag! Berge von bunten Eiern müssen noch zu den Kindern gebracht werden.

Dampfend und zischend fährt der Zug in die Verladestation ein und Korbinian bringt ihn zum Stehen. „Hallo, Korbinian! Du fährst ja wirklich wie der Sturmwind!", ruft ihm der Bahnhofsvorsteher zu. Korbinian beugt sich aus seinem Führerstand heraus. „Was meinst du, wie oft muss ich noch fahren?", fragt er.

Der Bahnhofsvorsteher nimmt die Mütze vom Kopf und kratzt sich hinter den Ohren. Dann sagt er: „Also drei Fuhren sind es bestimmt noch, vielleicht sogar vier."

„Na prima, das schaffen wir heute bequem! Dann sind wir am Abend fertig!", antwortet Korbinian.

Der Bahnhofsvorsteher lacht. „Oh Korbinian, das sagst du jedes Jahr!", ruft er. „Und dann kommt doch irgendwas dazwischen. Weißt du noch, voriges Jahr ist dir der Kessel geplatzt, weil du zu viel geheizt hast? Vor zwei Jahren bist du zu schnell in die Kurve gefahren und da ist die Lok entgleist. Und vor drei Jahren ist die Achse am letzten Wagen gebrochen, weil du zu viele Eier draufgepackt hattest!"

„Musst du immer wieder davon anfangen?“, brummt Korbinian ärgerlich. Er will lieber nicht daran erinnert werden. War das jedes Mal ein Theater, bis sie die Eier ausgeliefert hatten!

Nach dem Achsenbruch zum Beispiel halfen ihnen einige Ziegen. Sie ließen sich Körbe auf den Rücken schnallen und trugen so die Eier zu den Kindern. Das war ja sehr freundlich, aber ihre dummen Bemerkungen! Den „flotten Korbinian“ nannten sie ihn und meckerten vor Schadenfreude. Und er konnte diese Biester noch nicht mal schimpfen, weil er ja an dem Unfall schuld gewesen war.

Im Jahr darauf waren sie gerade an einer Flussbiegung, als die Lok entgleiste. Sie mussten dann die Eier auf Flöße und Boote verladen. Donnerwetter, er hatte sich nasse Füße und einen mächtigen Schnupfen geholt!

Am schlimmsten aber war es, nachdem der Kessel geplatzt war. Ihm hatte es das Fell und den Schnurrbart versengt und alle Hasen kicherten über sein schwarzes Gesicht. „Kohlen-Korbinian“ neckte ihn irgend so ein junger Lümmel und diesen Spitznamen hörte er noch fast bis Weihnachten. Die Eier mussten sie damals mit Rädern und Karren ausfahren, das dauerte die ganze Nacht hindurch. Was für ein scheußlicher Tag war das gewesen! Und der Muskelkater erst am nächsten Morgen! Korbinian schüttelt sich, wenn er nur daran denkt.

„Alle Waggons sind voll geladen!“, ruft ihm ein Hase zu. Korbinian staunt. Er war so in seine Gedanken vertieft, dass er es gar nicht gemerkt hat. Dabei herrscht in der Station Hochbetrieb! Immer noch werden auf Holzkarren Eier zum Bemalen gebracht.

Die Hasen sausen herum, stapeln fertige Eier auf und beladen die Waggons. Mitten im Getümmel sitzen die Malerhasen und pinseln, so schnell sie nur können. Korbinian klingelt zur Abfahrt. „Vorsicht am Gleis! Wir fahren!", ruft er und schon ruckt die Lok an.

Klingeling! Zischend fährt der kunterbunte Eierexpress aus der Station hinaus. Korbinian kontrolliert den Kesseldruck – alles in Ordnung. Der Kessel wird ihm heute sicher nicht um die Ohren fliegen!
Dann wirft er einen Blick auf die sauber beladenen Wagen. Auch die dürften keine Schwierigkeiten machen, keiner ist zu schwer bepackt.
Korbinian ist zufrieden. Wenn er jetzt noch schön vorsichtig in die scharfe Kurve an der Flussbiegung fährt, dann kann wirklich nichts mehr schief gehen.
Er klingelt noch einmal aus purem Vergnügen und freut sich auf seinen Feierabend. Morgen ist Ostern, dann ist endlich diese Hetze vorbei! So schön der Beruf als Expressfahrer auch ist, er ist doch auch sehr anstrengend. Und Korbinian sehnt sich nach ein bisschen Ruhe und Entspannung.
Er lehnt sich gemütlich in seinem Führerhaus zurück und genießt die flotte Fahrt durch die Frühlingslandschaft. Wie herrlich die Wiesen blühen! Er beschließt, auf dem Heimweg einen Strauß für seine Frau zu pflücken. Die freut sich bestimmt! Er hat schon so lange nicht mehr daran gedacht, ihr eine Freude zu machen. Einen dicken Strauß gelber Primeln wird er mitnehmen und vielleicht findet er noch irgendwo Schlüsselblumen, die mag sie besonders gern. Korbinian summt vergnügt vor sich hin.

Doch plötzlich wird er stutzig. Was ist denn dort vorne los? Warum laufen da lauter Hasen hin und her und winken aufgeregt? Ist das nicht kurz vor der Brücke über die Schlucht?

Er kneift die Augen zusammen und späht angestrengt über seinen bunten Kessel. Ausgerechnet jetzt weht ihm der Fahrtwind eine Dampfwolke ins Gesicht! Er fährt wie durch Nebel und kann gar nichts mehr erkennen.

Ärgerlich reibt er sich die Augen und schimpft. Aber auch als sich der Dampf verzogen hat, kann er noch nicht sehen, was bei der Schlucht los ist.

Korbinian beschließt, etwas langsamer zu fahren. Irgendetwas stimmt nicht, da will er kein Risiko eingehen. Wenn er in diesem Jahr schon wieder einen Unfall mit dem beladenen Zug hat, dann darf er nächstes Jahr den Eierexpress vielleicht gar nicht mehr fahren! Das wäre schlimm für ihn. Denn obwohl die Arbeit anstrengend ist, so bedeutet sie für Korbinian doch die schönste Zeit im ganzen Jahr.

Endlich ist er nahe genug an der Schlucht, um etwas zu erkennen. Und da fällt er vor Schreck fast von seinem Führerstand – was für eine Katastrophe!

Korbinian bremst, so stark er nur kann. Die Räder kreischen laut auf den Schienen, die Funken stieben und es tut richtig weh in den Ohren.

Mit einem heftigen Ruck kommt die Lok knapp vor der Schlucht endlich zum Stehen. Das war wirklich Rettung in letzter Sekunde: Die Brücke ist eingestürzt!
Korbinian schaut ganz entsetzt aus seinem Führerstand. „Ja, darf denn das wahr sein!“, poltert er los.

„Die Schienen sind einfach durchgebrochen! Wie konnte das nur passieren? Wie gut, dass du nicht so schnell gefahren bist!", rufen die Hasen durcheinander. Doch Korbinian stöhnt nur: „Wie bringen wir jetzt die Eier über die Schlucht hinüber? Die Kinder warten doch!"

Korbinian ist verzweifelt. Tausend Gedanken sausen ihm durch den Kopf. Warum muss immer ihm so etwas passieren? Seinen schönen Feierabend kann er auch vergessen! Und an die Blumen für seine Frau braucht er jetzt gar nicht mehr zu denken!
Aber am schlimmsten ist doch die Sorge, wie sie nun die Eier über die Schlucht zu den Kindern bringen werden. Hier können weder Ziegen noch Flöße helfen. Ein Flugzeug – das wäre das Einzige. Aber wer im Osterhasenland hat schon ein Flugzeug?
„Piep! Piep!" Ein Vogel landet auf Korbinians Lok. „Ich weiß, wie wir die Eier rüberbringen!", ruft er.
„Du?", fragt Korbinian ungläubig. Aber dann fällt es ihm selber ein – Flugzeuge! Natürlich! Die Vögel können die Eier über die Schlucht tragen!
„Wollt ihr das wirklich für uns tun?", fragt er den Vogel ganz aufgeregt.
„Aber klar. Wir können doch die Kinder nicht ohne Eier Ostern feiern lassen!", versichert ihm der Vogel.
Korbinian ruft die Hasen zusammen und kommandiert: „Los, alle müssen mithelfen! Wir binden Schnüre an die Eier, damit die Vögel sie tragen können. Dann helft ihr den Vögeln beim Start, und ihr da drüben ...", er schreit über die Schlucht hinüber, „... ihr nehmt die Eier schön vorsichtig in Empfang!"

„Hurra, genau so geht es! Was für eine tolle Idee! Die Vögel sind unsere Rettung!", rufen die Hasen und machen sich sofort an die Arbeit. Und es klappt! Ei um Ei schwebt über die Schlucht. Auch wenn ein paar dabei zerbrechen, ist es nur halb so schlimm!

Durch die Hilfe der Vögel können die Osterhasen tatsächlich noch alle Eier rechtzeitig verstecken. Aber viel Arbeit ist es schon! Wieder einmal müssen sie die Eier mit Körben und Fahrrädern transportieren. Doch alle Hasen helfen zusammen und so klappt es.
Als die Sonne am Ostermorgen aufgeht, huschen noch überall Hasen durch die Büsche. Der eine rollt schnell ein Ei in einen hohlen Baum, andere schieben welche unter einen Busch oder in ein Vogelnest. So verstecken sie die Eier jedes Jahr.
Aber etwas völlig Neues ist den Hasen auch eingefallen: Sie hängen die Eier mit den Schnüren einfach in den Bäumen auf!
Hoppla, da hat doch einer ein Ei in die Nisthöhle von Herrn und Frau Eule gesteckt! Ärgerlich kommen die beiden heraus und wollen schon losschimpfen, da sehen sie die bunten Osterbäume.
„Potzblitz, was ist euch denn dieses Jahr eingefallen!", staunt Herr Eule, und seine Frau sagt: „Von Verstecken kann man ja eigentlich nicht reden. Aber es sieht einfach wunderbar aus!"
Das finden auch die Hasen. Sie sind sehr stolz darauf, dass sie das Unglück mit der eingestürzten Brücke noch zum Guten wenden konnten. Am stolzesten von allen ist natürlich Korbinian!

„Ich bin mal gespannt, was nächstes Jahr passieren wird", überlegt ein Hase. „Wenn Korbinian den Eierexpress fährt, dann wird doch bestimmt wieder irgendetwas schief gehen!"
Sein Freund lacht. „Sonst würde uns glatt was fehlen!"

Das meint Korbinian auch. Denn wenn alles reibungslos klappt, dann ist es doch fast ein bisschen langweilig, oder? Und wenn er überlegt, was ihm bisher am meisten Spaß gemacht hat, dann waren es eindeutig die aufregenden Eier-Rettungsaktionen.

„Ihr seid also einverstanden, wenn ich den Eierexpress auch im nächsten Jahr wieder fahre?", fragt er seine Freunde.
Die nicken mit den Köpfen. „Na klar!", ruft einer. „Niemand macht das so gut wie du! Und dafür, dass die Brücke eingestürzt ist, kannst du ja nun wirklich nichts!"
Das findet Korbinian auch.
„Habt ihr denn herausgebracht, warum die Brücke eingebrochen ist?", fragt er. Aber niemand hat eine Erklärung dafür.
„Vielleicht wollte jemand verhindern, dass wir rechtzeitig fertig werden", überlegt einer laut.
Empört widersprechen ihm die Hasen. „Wer sollte so etwas machen? Niemand im Osterhasenland ist so dumm oder so böse! Das können wir uns nie und nimmer vorstellen!", rufen die Hasen durcheinander.
Korbinian überlegt: „Und wenn ich bei meiner letzten Fahrt doch zu schwer war? Die Waggons waren sehr voll!" Aber auch daran mag niemand glauben.
„Wahrscheinlich war die Brücke einfach alt und ein bisschen morsch", vermutet der Oberosterhase. „Wir wollen nicht mehr darüber nachdenken. Aber morgen früh müssen wir gleich mit der Reparatur anfangen. Ich hatte nämlich eine Überraschung für euch alle geplant, aber ohne die Brücke wird nichts daraus."

„Eine Überraschung? Was ist es denn? Und wieso brauchst du dazu die Brücke?", fragen die Hasen. Sie sind mit einem Mal gewaltig neugierig!
Der Oberosterhase will erst nicht so recht mit der Sprache heraus. Aber die Hasen lassen ihm keine Ruhe, bis er es endlich verrät. „Also, wenn ihr es unbedingt schon gleich heute wissen wollt – ich möchte euch alle zu einem Ausflug mit dem Eierexpress einladen", sagt er. „Schließlich kann man damit ja nicht nur Eier befördern, sondern auch Hasen. Und da könnten wir alle zusammen wegfahren und unten am Fluss ein leckeres Picknick machen. Wie wäre das?"
Das gibt ein Geschrei! Die Hasen sind begeistert. „Warum sind wir bloß nicht früher darauf gekommen! Das wird ein Riesenspaß!", rufen sie.
Gleich am nächsten Morgen rückt ein Trupp Handwerker an der eingestürzten Brücke an und beginnt mit der Reparatur. Am Abend sind die Gleise bereits wieder in Ordnung! Tags darauf fahren die Hasen in aller Frühe mit dem Eierexpress los. Natürlich steht Korbinian im Führerhaus. „Fahr bloß nicht wieder zu schnell in die Kurve!", neckt ihn der Bahnhofsvorsteher.
Aber Korbinian lacht nur. Es macht ihm gar nichts mehr aus, wenn ihn seine Freunde ein bisschen ärgern. Hauptsache, die Eier sind rechtzeitig bei den Kindern!

Osterhut

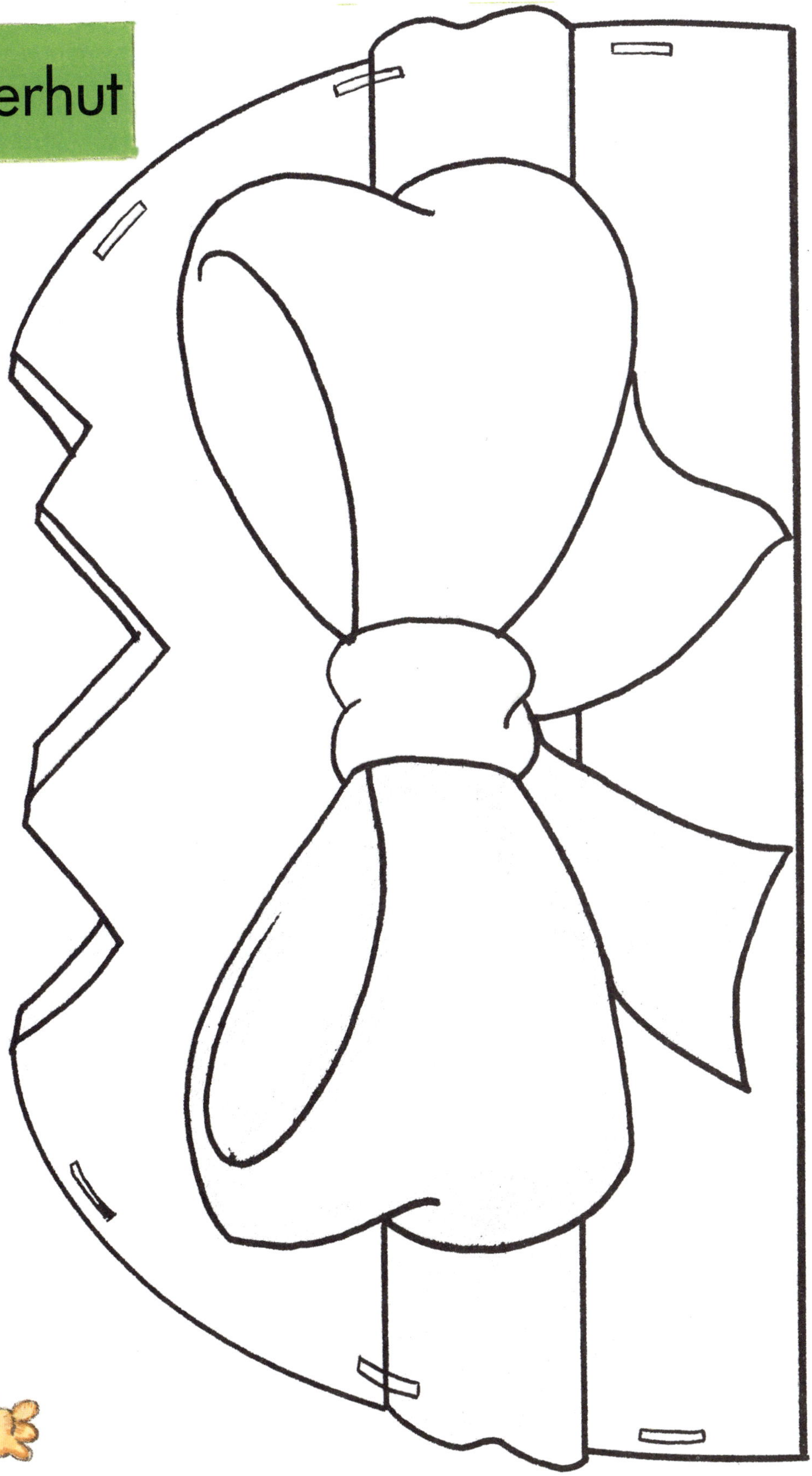

Falte ein Stück dünnen weißen Karton (DIN A4) längs. Übertrag den Hut darauf. Lass den Karton gefaltet und schneid den Hut aus, sodass du zwei gleiche Teile hast. Bemal das Vorderteil. Hefte beide Teile an den Seiten mit einem Bürohefter zusammen (jeweils mit drei Heftklammern, wie eingezeichnet). Jetzt setz dir deinen schicken Osterhut auf den Kopf!

Ringel, Ringel, Reihe

Worte und Weise: volkstüml

2. Ringel, Rangel, Rosen,
schöne Aprikosen,
Veilchen und Vergissmeinnicht.
„Alle Kinder setzen sich!"

GOTTSCHLICH

Osterleckereien

Gebackene Figuren

Zutaten:
3 Eigelb, 120 g Zucker
250 g gemahlene Mandeln (mit Haut)
1 Päckchen Vanillezucker
1 Prise Backpulver

Backpapier fürs Blech
Teigrädchen oder Ausstechformen für Lamm, Küken, Hase

Rühr Eigelb, Zucker und Vanillezucker, bis sich der Zucker aufgelöst hat und die Masse weißlich ist. Gib dann 200 g Mandeln und das Backpulver dazu, knete das Ganze gut durch. Bestreu eine Arbeitsplatte mit den restlichen Mandeln und roll den Teig darauf etwa 1/2 cm dick aus. Stich nun mit den Förmchen Figuren aus, oder rädle sie nach einem Papiermuster aus.

Leg dein Backwerk auf das Blech mit Backpapier, stich mit einer Stricknadel ein Loch in jede Figur (zum Aufhängen) und back sie im vorgeheizten Ofen bei 200 Grad (Gasherd Stufe 3) etwa 10 Minuten auf mittlerer Schiene. Stich die Löcher nach dem Backen nach und lass die Figuren auskühlen. Verzier sie nach Belieben mit Zuckerguss.

Marzipanfiguren

Mit den folgenden Zutaten kannst du die unten abgebildeten Figuren in genau dieser Größe herstellen:

100 g Marzipanrohmasse, 50 g gesiebter Puderzucker, Kakaopulver, Speisefarben / Zahnstocher zum Befestigen

Verknete die Marzipanrohmasse mit dem Puderzucker, teil die Masse in so viele Kugeln, wie du Figuren kneten willst.

Und so machst du den **braunen Hasen:**

Teil dein Marzipan in Kugeln für Rumpf, Kopf mit Ohren, Schwanz und drei winzige Kügelchen für Augen und Schnauze. Vermisch die Kugeln vom Rumpf und vom Kopf mit Ohren mit Kakaopulver. Forme den Rumpf und stell ihn mit ein wenig Druck auf die Arbeitsplatte. Forme nun für den Kopf eine Rolle, die an einer Seite schön rund ist, und schneide sie an der anderen Seite mit dem Messer ein. So entstehen die Ohren. Drück sie flach und spitz. Setz den Kopf mit einem halben Zahnstocher an den Rumpf. Drück die weißen Kügelchen für Augen und Schnauze einfach an den Hasenkopf, und setz den Schwanz mit einem Zahnstocherstückchen an.

Teil deine Masse für die **Möhre** in zwei Teile. Knete einen mit 2 Tropfen roter und 1 Tropfen gelber Lebensmittelfarbe durch. Setz ein Krönchen für das Grünzeug auf und bepinsele es mit verdünnter grüner Lebensmittelfarbe.

Eierkörbchen

Übertrag die Zeichnung von Körbchen und Henkel auf farbigen Karton. Fahr mit der stumpfen Seite einer Schere die gestrichelten Linien nach. Fahr dabei an einem Lineal entlang! Schneid das Körbchen aus, falte es und kleb die Laschen innen fest. Schneid den Henkel aus und kleb ihn an den eingezeichneten Stellen fest. Übertrag das Ei, sooft du willst, auf weißen Karton. Mal die Eier bunt an und leg sie in dein Körbchen.

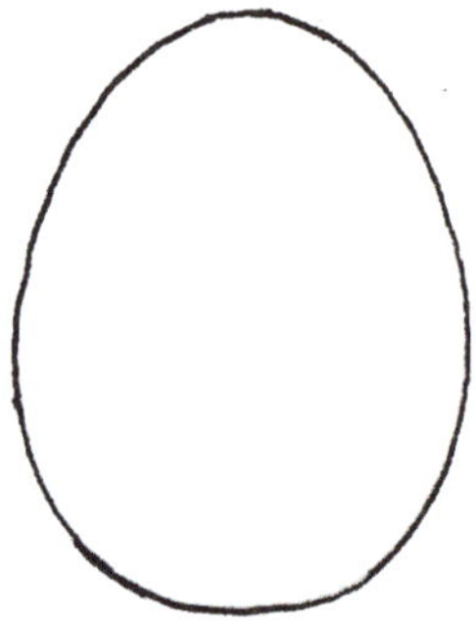

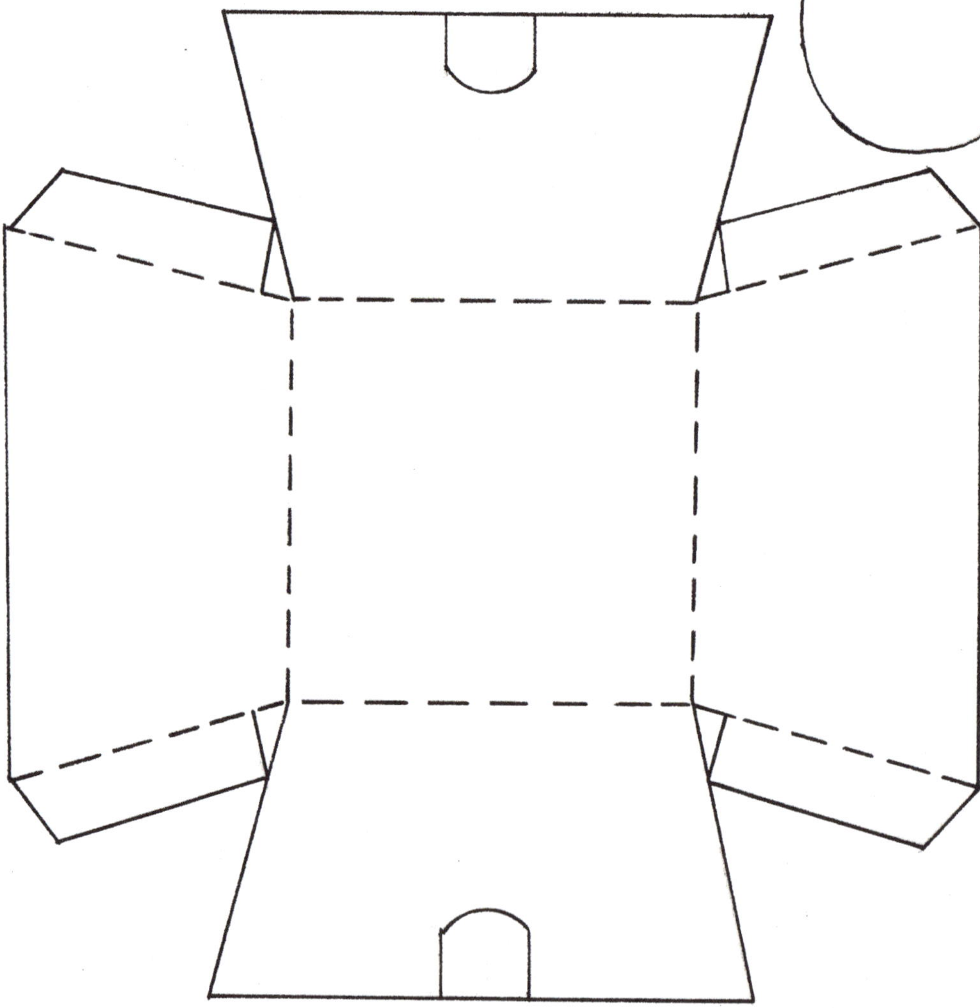

Der leichtsinnige Osterhase

Was macht Gustl bloß schon wieder für einen Unsinn! Springt er vielleicht in den Fluss? Oder hüpft er auf dem Trampolin? Oder fällt er womöglich in die Schlucht?

Der kleine Gustl ist ein aufgeweckter Hase. Er hat den ganzen Tag über nur Unsinn im Kopf. Deshalb lassen ihn seine Eltern kaum aus den Augen. Denn wenn man Gustl allein lässt, dann passiert jedes Mal irgendetwas Schlimmes.

Heute haben ihn seine Eltern zum Spazierengehen mitgenommen. Gustl läuft ungeduldig vor ihnen her. Die beiden sind ihm ja viel zu langsam! Außerdem will er unbedingt die Gänse streicheln. Gänse kannte er bis jetzt nämlich noch nicht.

Er saust los. Die Gänse erschrecken vor ihm und watscheln eilig davon. Wer weiß, was dieser wilde kleine Hase vorhat!

„He, bleibt stehen, Gänse! Ich will euch doch nur streicheln!", ruft Gustl laut. Aber sein Geschrei gefällt den Gänsen noch weniger! Sie watscheln über die Wiese, schnattern empört und wollen endlich wieder ihre Ruhe haben.

„Gustl, lass die Gänse in Frieden, die wollen nicht von dir gestreichelt werden", mahnt ihn die Mutter.

„Warum nicht?", will Gustl wissen. „Streicheln ist doch schön! Ich bin auch ganz lieb, ehrlich!"

Die Gänse trauen ihm nicht. Er ist einfach zu wild und zu laut, wie er da hinter ihnen über die Wiese tobt. Sie watscheln, so schnell sie können, davon.

Gustl hinterher. „Bleibt doch endlich stehen!“, schreit er. Er achtet nicht darauf, wo er hinläuft. „Pass auf, Gustl, dort vorn ist der Abgrund!“, ruft Vater Hase plötzlich, und auch die Mutter schreit: „Halt, Gustl, sonst fällst du in den Fluss!“ Aber Gustl hört nichts.

Gustl rennt – und mit einem Mal verliert er den Boden unter den Füßen! Er schreit noch laut: „Hilfe! Mama!", dann ist alles still.
Mutter und Vater Hase sind vor Entsetzen wie gelähmt. „Gustl!", flüstert Mutter Hase und starrt auf die Stelle, an der noch vor wenigen Augenblicken der kleine Hase gestanden hat. Dann ruft sie, so laut sie nur kann: „Gustl! Kannst du mich hören? Gustl! So sag doch endlich was!"
Aber keine Antwort. Nur die Gänse schnattern immer noch laut vor Aufregung und fliegen davon.
Vater Hase rennt aufgeregt auf den Abgrund zu. „Wo ist er?", schreit er verzweifelt. „Gerade war er doch noch da! Er kann doch nicht einfach weg sein!"
„Irgendwo da unten muss er sein!", schluchzt Mutter Hase. Sie kriecht ganz vorsichtig auf allen vieren an den Abgrund heran. Ihr wird ganz schwindlig, als sie versucht hinunterzuschauen. Vater Hase wedelt mit den Armen in der Luft herum. „Hier oben können wir gar nichts tun!", ruft er und versucht seine Frau vom Abgrund wegzuziehen. „Wir müssen hinunter zum Fluss! Komm schon!"
Aber Mutter Hase will erst wissen, was mit Gustl ist. Auch seine Freunde, die Eichhörnchen, spähen voller Sorge in den Abgrund hinunter.

„Ich glaub, ich kann ihn sehen“, flüstert das eine und reckt den Hals.
„Und ich glaub, ich kann ihn hören!“, piepst aufgeregt das andere Eichhörnchen. „Seid doch alle mal still! Der Gustl ruft irgendwas!“

Tatsächlich – das ist Gustls Stimme!
„He, was treibt ihr da oben so lange? Lasst mir ein Seil runter, ich will wieder rauf!", ruft er.
Gustl hat wirklich großes Glück gehabt. Er ist nicht in die Schlucht hinuntergestürzt, sondern schon nach einem kurzen Stück in einem leeren Nest gelandet. Da liegt er nun, dieser kleine Schlingel, und ist schon wieder frech und vorlaut.
Ein Eichhörnchen klettert schnell zu ihm hinunter. „Hast du dir wehgetan?", fragt es besorgt.
„Kein bisschen!", grinst Gustl. „Ich liege hier so weich wie in meinem Bett!"
Da kommt auch schon das zweite Eichhörnchen angeschwebt – es sitzt in einem Korb, den Gustls Eltern den Abgrund herunterlassen!
„Du sollst in den Korb klettern, dann ziehen sie dich nach oben", erklärt es dem Hasen.
Gustl strahlt. „Toll!", meint er. „Das find ich so richtig aufregend!"
Das Eichhörnchen klettert aus dem Korb heraus und schaut Gustl nachdenklich an.
„Du bist wirklich unmöglich", sagt es dann. „Deine Eltern sind fast zu Tode erschrocken und du findest alles immer nur spannend und lustig!" Gustl lacht bloß: „Ist es doch auch! Mir ist ja nichts passiert!"

Dann setzt er sich vorsichtig in dem Nest auf. Ein bisschen schwindlig wird ihm doch, als er in die Tiefe hinunterschaut. Wenn er da abgestürzt wäre – lieber nicht drüber nachdenken. Flink und geschickt krabbelt er in den Korb hinüber.

„Hau ruck! Hau ruck!“, kommandiert Vater Hase und holt das Seil ein. Stück für Stück wird Gustl nach oben gezogen.

Ab und zu muss der Vater eine Pause machen. „Puh, du bist ganz schön schwer!“, ächzt er. Aber Mutter Hase drängt: „Zieh weiter! Du kannst doch den kleinen Kerl nicht ewig dort unten hängen lassen!“

Da wischt sich Vater Hase mit dem Ärmel den Schweiß von der Stirn und brummt: „Der ‚kleine Kerl‘ ist selbst schuld, dass er dort unten hängt. Warum kann er nicht besser aufpassen! Ich habe noch nie von einem Hasen gehört, der so viel Unsinn macht wie unser Gustl.“

Mutter Hase muss ein bisschen lachen. „Ich schon“, sagt sie verschmitzt. „Ich kannte mal einen jungen Hasen, der machte mindestens so viel Unsinn wie unser Gustl. Und weißt du auch, wer das war? Du selbst!“

„Du lieber Himmel! Lass das bloß den Gustl nicht hören! Sonst können wir ihn überhaupt nicht mehr bändigen!“, ruft Vater Hase und fängt schnell wieder an das Seil heraufzuziehen.

Gustl findet die Reise in seinem Körbchen sehr aufregend. Vergnügt winkt er den Eichhörnchen zu. Als er oben ankommt, bettelt er: „Lasst mich doch noch mal hinunter! Das macht so viel Spaß!“

Aber Mutter Hase ruft ganz erschrocken: „Bloß nicht!“

Sein Vater reibt sich die schmerzenden Arme und Hände und knurrt grimmig: „Du bleibst jetzt da, und wenn ich dich anbinden muss! Ein Seil hab ich ja dabei!"
Da ist Gustl lieber still. Wenn Vater Hase so finster schaut, dann ist mit ihm nicht zu spaßen.

Kurze Zeit später arbeiten die Hasen mit Feuereifer auf der großen Waldwiese. „Was haben sie nur vor?", fragt das eine Eichhörnchen seinen Freund. Die beiden sehen den Hasen schon eine ganze Weile zu und wundern sich. Gustls große Brüder Sepp und Konstantin sägen Pfähle ab. „Zugleich!", gibt Sepp das Kommando und zieht an der Säge. Ritz-ratz, wieder fällt ein Pfahl zu Boden. „Du wirst sehen, wir werden heute noch fertig!", freut sich Konstantin.

Die Eichhörnchen überlegen: „Womit wollen sie bloß fertig werden?" Aber sosehr sie auch grübeln, sie werden nicht schlau aus dem Ganzen.

Gustl wischt sich den Schweiß von der Stirn. „Mach doch mal Pause!", ruft er seinem Vater zu. „Ich komme ganz schön ins Schwitzen!"

Der Hasenvater lacht nur. „Das schadet dir gar nichts", sagt er. „Dann machst du wenigstens mal für eine Weile keinen Unsinn. Ich musste auch ganz schön schwitzen, als ich dich aus der Schlucht heraufgezogen habe!"

Da ist Gustl still und spitzt mit seinem Beil einen weiteren Pfahl zu. Wenn Vater nur endlich nicht mehr so streng mit ihm wäre! Aber seit er fast in die Schlucht gestürzt wäre, lässt er ihn nicht aus den Augen.

Plötzlich lacht jemand hinter Gustls Rücken. Der Lärm hat den Maulwurf aus seinem Bau gelockt.

„Ja, Gustl, du arbeitest? So kenne ich dich gar nicht. Was hast du denn mit den Pfählen vor? Sicher wieder irgendeinen Unsinn!", kichert er.
„Wird nicht verraten! Großes Hasengeheimnis!", flüstert Gustl. Er ist schon wieder zu Streichen aufgelegt!

Wenig später wird das „große Hasengeheimnis" gelüftet: Aus den Pfählen entsteht ein fester Zaun direkt am Abgrund entlang.
Mit wuchtigen Schlägen treibt Vater Hase die angespitzten Pfähle in den Boden, einen nach dem anderen.
„Auf die Idee hätten wir schon längst kommen können!", sagt er. „Dann wäre uns viel Aufregung erspart geblieben!"
Gustl lacht und hüpft schon wieder gefährlich nahe am Abgrund herum. „Ich fand's toll!", kichert er. „Am liebsten würde ich noch mal in dem Korb in die Schlucht hinuntergelassen werden."
Als Mutter Hase das hört, wird sie richtig böse. „Ich will jetzt endgültig nichts mehr davon hören!", ruft sie energisch. „Das war alles andere als eine Heldentat! Du hast unglaubliches Glück gehabt, sonst gar nichts."
Nach einer Weile fügt sie hinzu: „Und die Sache mit dem Korb war eine schwierige und anstrengende Rettungsaktion und kein Kirchweihspaß! Also Schluss jetzt mit deinen Sprüchen und geh endlich von der Kante dort weg!"
Hoppla, da wundert sich Gustl aber doch, dass seine Mutter so ärgerlich werden kann. Vorsichtshalber sagt er nichts mehr und bringt lieber seinem Vater ein paar frische Pfähle.

Der sieht Gustl ernst an und sagt: „Du hast uns echt einen Riesenschrecken eingejagt."

Gustl schaut nachdenklich zum Fluss hinunter. Wie tief unten der ist! Wenn das Nest nicht gewesen wäre ... So langsam kann er da seine Eltern doch verstehen.

Am nächsten Tag trifft sich Gustl mit den Eichhörnchen zum Spielen. „Was für ein Glück, dass der Zaun jetzt fertig ist! Sonst könnten wir dich ja gar nicht aus den Augen lassen!“, sagen die beiden. Aber Gustl hat schon wieder eine Idee, was er anstellen könnte.